STANCES

COMPOSÉES POUR LE

FESTIVAL DONNÉ A ROUEN

LE 25 JANVIER 1863,

SOUS

LE PATRONAGE DE M. LE SÉNATEUR-PRÉFET DE LA SEINE-INFÉRIEURE,

AU BÉNÉFICE

DES OUVRIERS COTONNIERS SANS TRAVAIL.

PRIX : **50** CENT.

PARIS

DENTU, LIBRAIRE-ÉDITEUR,

PALAIS-ROYAL.

SAINT-GERMAIN-EN-LAYE, H. PICAULT, LIBRAIRE,

RUE DE PARIS, 27.

1863

SAINT-GERMAIN-EN-LAYE. — IMP. H. PICAULT, RUE DE PARIS, 27.

STANCES

COMPOSÉES POUR LE

FESTIVAL DONNÉ A ROUEN

LE 25 JANVIER 1863,

SOUS

LE PATRONAGE DE M. LE SÉNATEUR-PRÉFET DE LA SEINE-INFÉRIEURE,

AU BÉNÉFICE

DES OUVRIERS COTONNIERS SANS TRAVAIL.

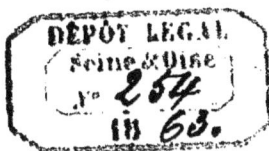

PARIS

DENTU, LIBRAIRE-ÉDITEUR,

PALAIS-ROYAL.

SAINT-GERMAIN-EN-LAYE, H. PICAULT, LIBRAIRE,

RUE DE PARIS, 27.

—

1863

HOMMAGE

A MONSEIGNEUR HENRI,

A MONSIEUR POUYER-QUERTIER,

A MONSIEUR LE SÉNATEUR-PRÉFET

de la Seine-Inférieure,

LEROY

DE LA BIENFAISANCE.

Ne pensez pas à moi, pensez à l'objet de mes efforts.

L'auteur de Fior d'Aliza,

DE LAMARTINE.

STANCES

POUR LE FESTIVAL DONNÉ À ROUEN

LE 25 JANVIER 1863,

AU BÉNÉFICE

DES OUVRIERS COTONNIERS SANS TRAVAIL.

———————◦•◦———————

A tous les cœurs bien nés, que l'infortune est chère!

Grand Dieu! qu'ai-je entendu? ta patrie, ô Corneille,
Agonise immolée aux pieds du roi Coton! (1)
Français, enfants du Cid, encore une merveille!
Vous avez pris Pékin, emportez Charleston!

Salut vieille cité, berceau de la Neustrie
Où brillera toujours le glaive de Rollon!

(1) Ignorant si j'ai couronné le premier cet autocrate de la fila-
ture, j'annonce, comme un fait d'une importance certaine, que le
spirituel et fécond auteur des *Fêtes de l'intelligence* s'apprête à le
sacrer.

Salut à ton beau ciel, à ta grande industrie,
Salut à ton malheur, il ne peut être long !

Du vieux Château-Gaillard, fanal de ton histoire
D'où, fille des rois francs, la plume de Janin,
Du grand peuple normand, évoque la mémoire,
Je vois venir à toi les faveurs du destin !

O peuple désolé, ta triple providence
Henri, Leroy, Quertier, le Dieu de Bon-Secours (1),
A ta sainte croisade entraînant l'opulence,
De tes beaux jours passés vont ramener le cours !

Reine par son épée, et femme par le cœur,
La France est une mère à l'âme incomparable ;
Aimant tous ses enfants avec la même ardeur
Tous, et les plus ingrats, sont admis à sa table !

Rouennais attendez tout de cette unique mère,
Chaque province aussi va vous serrer la main,
De vos nombreuses sœurs vous êtes la plus chère.
Avec cette famille espère-t-on en vain ?

(1) Mgr Henri, archevêque de Rouen ;
    M. Leroy, sénateur-préfet de la Seine-Inférieure ;
    M. Pouyer-Quertier, président du Comité national de bien-
    faisance.

Sur le Rhône, apaisant le courroux de Neptune,
Quand le pays entier suivait Napoléon,
Normands vous étiez là! grande est votre infortune,
Qui veut la soulager? l'inondé de Lyon.

Et la tendre Bretagne attachée à ta vie
Autant que des Martyrs, Rouen, se souvient de toi!
Le même ciel unit Bretagne et Normandie,
Et Saint-Pierre et Saint-Ouen brûlent de même foi!

La Bourgogne et ses ducs, son vin et son trésor,
Sur ta vive douleur, vont répandre le baume,
La Seine, aimable enfant née à la Côte-d'Or,
Enrichit le berceau du Pomard et du Beaune.

Sans être aussi fertile, ô modeste Champagne,
Tu fais, par ta liqueur, rire le monde entier,
Le cidre est ton ami, le malheur l'accompagne,
Aï, viens aux Normands rendre joie et métier!

Sous le burnous d'un Cheick vous verrez l'Algérie
Au travail en détresse apporter son obole.
Du coton désormais, Alger, sois la patrie,
Planter n'est rien pour vous, Duc de Sébastopol!

« Rouen, ne l'oubliez pas, accourut à la voix
D'Orléans, submergé par son immense fleuve, »
A peine avait parlé l'Aigle de Sainte-Croix,
L'or des chrétiens tomba! vous en avez la preuve.

Ah! dans votre malheur, vos âmes sont sublimes!
Vous pleurez en voyant gémir sur d'autres bords,
Ces frères du métier, ces millions de victimes
Mangeant le pain amer de leurs riches milords!

Si noblement souffrir est un titre de gloire!
Rouennais, vous méritez notre admiration!
A vous la sympathie et de Saône et de Loire!
Et celle de Paris, cœur de la Nation!

Dans ses récits passés, l'histoire nous étonne
Des ravages normands, de leur invasion!
Que le rôle est changé! Charité, Dieu t'ordonne
D'effacer les méfaits du fier Cœur-de-Lion!

Par ce lien fraternel, la mutualité,
De ce gouvernement bienfait inestimable,
Nous nous soutenons tous avec sécurité!
Aumône à charité n'est nullement semblable!

A vous tous, ouvriers, beaux soldats du travail,
Salut! bras vigoureux qui bâtissez l'Empire,
Espoir! le Chef a mis la France sur bon rail,
Ah! vive l'Empereur! on ne peut trop le dire!

A votre bienfaitrice adressons nos louanges!
Son sceptre est la bonté qui charme l'univers!
Eugénie aime Jeanne (1), aux pieds de ces deux anges,
Viendra mourir demain le flot de vos revers!

Aux soupirs de ta femme, aux pleurs de ton enfant,
Va, fileur bien-aimé, promettre l'espérance,
Effroi de la misère, un autre Conquérant
Veille sur ton foyer, c'est le cœur de la France!

Consacrant son génie au destin du coton,
Reybaud vient nous apprendre, écoutez-le sans haine,
Que sous François premier, Rouen, dans tout le canton,
On trouvait à grands frais un jupon de futaine.

Hier, comme un soleil brillait ton industrie
Dont le mètre par an comptait cent millions!
Revenez, âge d'or de la rouennerie,
Que ton cœur, Washington, dompte ces deux lions!

(1) Jeanne d'Arc brûlée à Rouen.

Le monde qui vous vit, coursiers atmosphériques,
Monter vingt fois par jour, Paris à SAINT-GERMAIN,
Sans vous accourt encore aux spectacles féeriques
Que donne la *Terrasse* à tout le genre humain!

A ce bel horizon, vienne à manquer la lune,
Grande foule au théâtre applaudit, *nos auteurs*
Qui seront bien, Normands, ceux de votre fortune,
Puisque leur bénéfice apaise vos douleurs.

Rouennais, notre musée, objet digne d'orgueil,
En ta seule faveur voudrait s'ouvrir demain,
Car, avant peu, tes fils, en franchissant le seuil,
Y verront le Normand effacer le Romain.

Nous tous amis des arts, frères par l'Orphéon,
Embrassons-nous de cœur, notre âme est mélodie!
De Boïeldieu la muse, et ta lyre, Apollon,
Adouciront les pleurs des fils de Normandie!

Adieu, chantre sublime, honneur de cette scène,
Inspire à tout Français pour ces mille ouvriers,
Le généreux amour que ressentait Chimène,
Pour ton Cid immortel couronné de lauriers!

X. BONHOURE,
Membre honoraire de l'Orphéon de Saint-Germain-en-Laye.

NOTA. — Empêché par un deuil de famille d'assister au festival dont il avait accepté la présidence avec l'admirable dévoucment dont il ne cesse de donner des preuves toutes particulières au sort des malheureux ouvriers de son département, Monsieur le SÉNATEUR-PRÉFET de la Seine-Inférieure, à qui ces lignes n'avaient pu parvenir qu'à une heure assez avancée de la soirée, a eu le lendemain, ce dont je lui suis infiniment reconnaissant, la gracieuse attention d'annoncer lui-même à M. Bonhoure, que par suite de leur arrivée tardive, il n'avait pu donner ces stances à lire pendant le concert, daignant ajouter, à sa communication empressée, des remerciments très-bienveillants pour le témoignage de vive sympathie que l'auteur, dans sa lettre à M. le PRÉFET, se plaisait à exprimer en faveur d'une cause, qui aujourd'hui, et pour tout le monde, a l'intérêt et l'importance d'une loi de l'humanité.